Impressum
Verlag: BABADADA GmbH, Nedderfeld 112 , 22529 Hamburg
Geschäftsführer / Verlagsleitung: Harald Hof
Druck: Books on Demand GmbH, In de Tarpen 42, 22848 Norderstedt

Imprint
Publisher: BABADADA GmbH, Nedderfeld 112 , 22529 Hamburg, Germany
Managing Director / Publishing direction: Harald Hof
Print: Books on Demand GmbH, In de Tarpen 42, 22848 Norderstedt

school

iskola

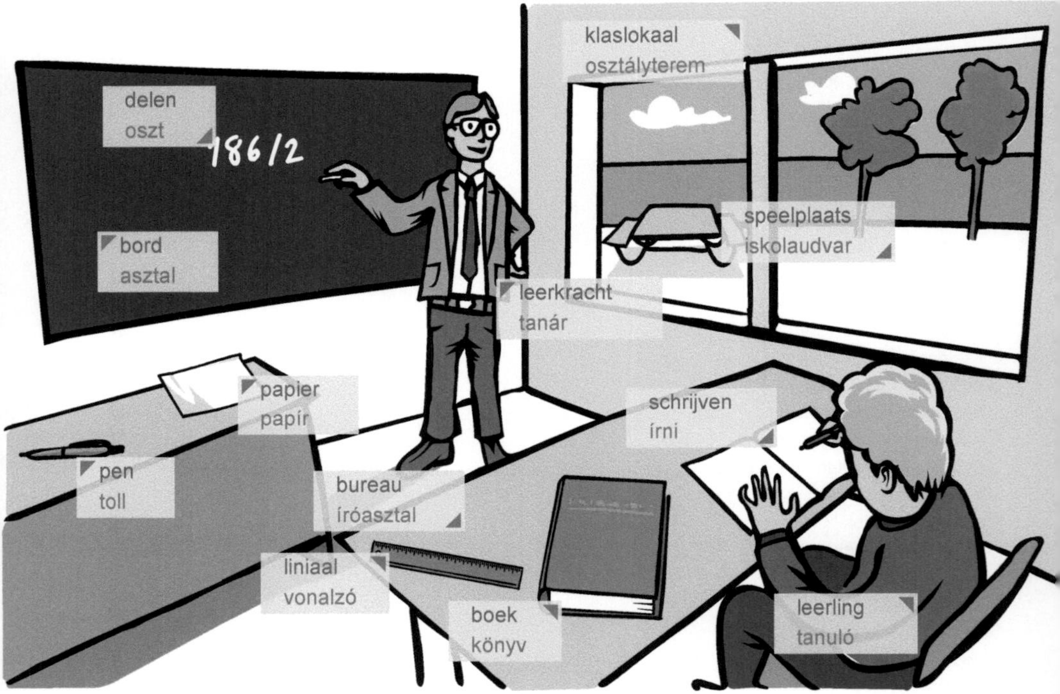

delen
oszt
186/2
bord
asztal
klaslokaal
osztályterem
speelplaats
iskolaudvar
leerkracht
tanár
papier
papír
schrijven
írni
pen
toll
bureau
íróasztal
liniaal
vonalzó
boek
könyv
leerling
tanuló

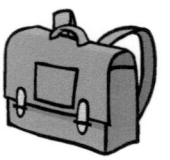

schooltas
iskolatáska

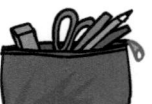

pennenzak
tolltartó

potlood
ceruza

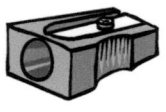

puntenslijper
ceruzahegyező

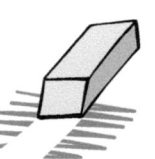

gom
radír

tekenblok
rajzfüzet

tekening

rajz

verfborstel

ecset

verfdoos

festőkészlet

schaar

olló

lijm

ragasztó

werkboek

munkafüzet

huiswerk

házi feladat

nummer

szám

optellen

összead

aftrekken

kivon

vermenigvuldigen

szoroz

rekenen

számol

letter

betű

alfabet

ABC

woord

szó

tekst

szöveg

Lezen

olvasni

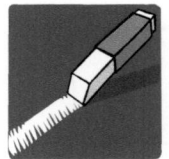

krijt

kréta

les

tanóra

klassenboek

napló

examen

vizsga

certificaat

bizonyítvány

schooluniform

iskolai egyenruha

onderwijs

oktatás

encyclopedie

enciklopédia

universiteit

egyetem

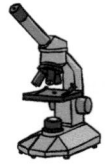

microscoop

mikroszkóp

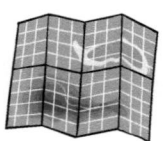

kaart

térkép

papiermand

papír-hulladék gyűjtő

reis
utazás

hotel
hotel
Grand
jeugdherberg
szállás
ROOMS
wisselkantoor
valutaváltó iroda
koffer
bőrönd
auto
autó

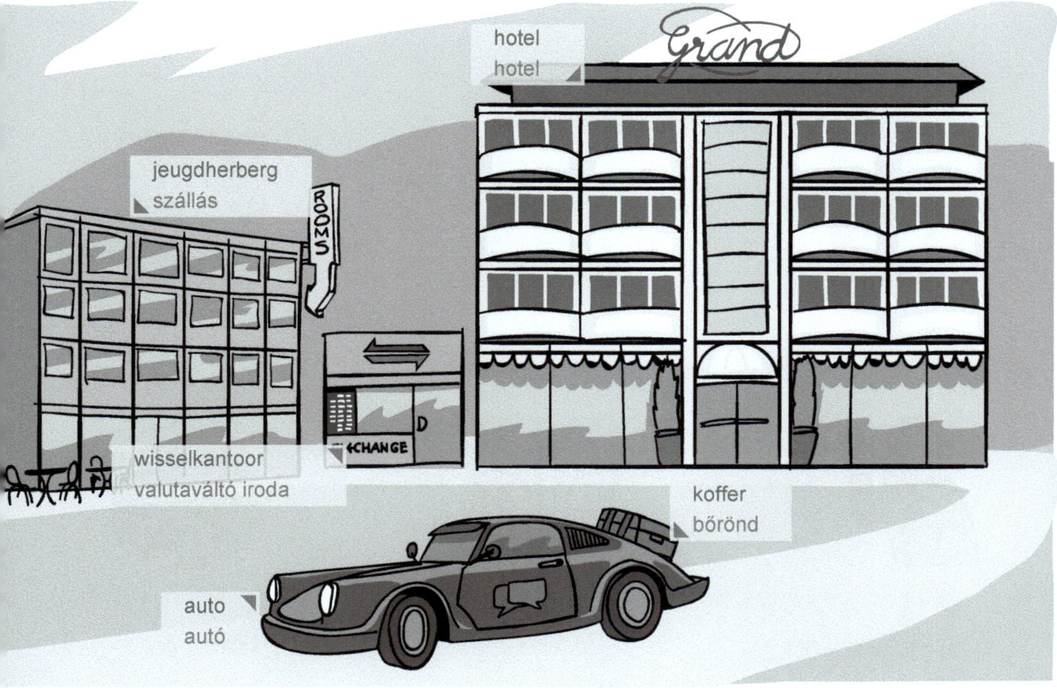

Taal

nyelv

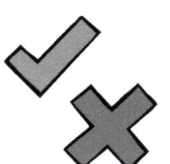

ja / nee

igen/nem

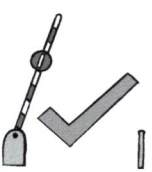

oké

rendben

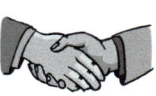

hallo

szia

vertaler

fordító

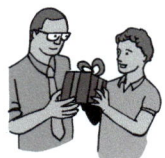

bedankt

köszönöm

Hoeveel kost ...?

mennyibe kerül...?

Ik begrijp het niet

nem értem

probleem

probléma

Goedenavond!

Jó estét!

Goedemorgen!

jó reggelt!

Goedenavond!

jó éjszakát!

Tot ziens

viszontlátásra

richting

útirány

bagage

poggyász

zak

táska

rugzak

hátizsák

gast

vendég

kamer

szoba

slaapzak

hálózsák

tent

sátor

toeristeninformatie

turista információ

strand

strand

kredietkaart

hitelkártya

ontbijt

reggeli

lunch

ebéd

avondeten

vacsora

ticket

jegy

lift

lift

postzegel

bélyeg

grens

határ

douane

vám

ambassade

nagykövetség

visum

vízum

paspoort

útlevél

transport
közlekedés

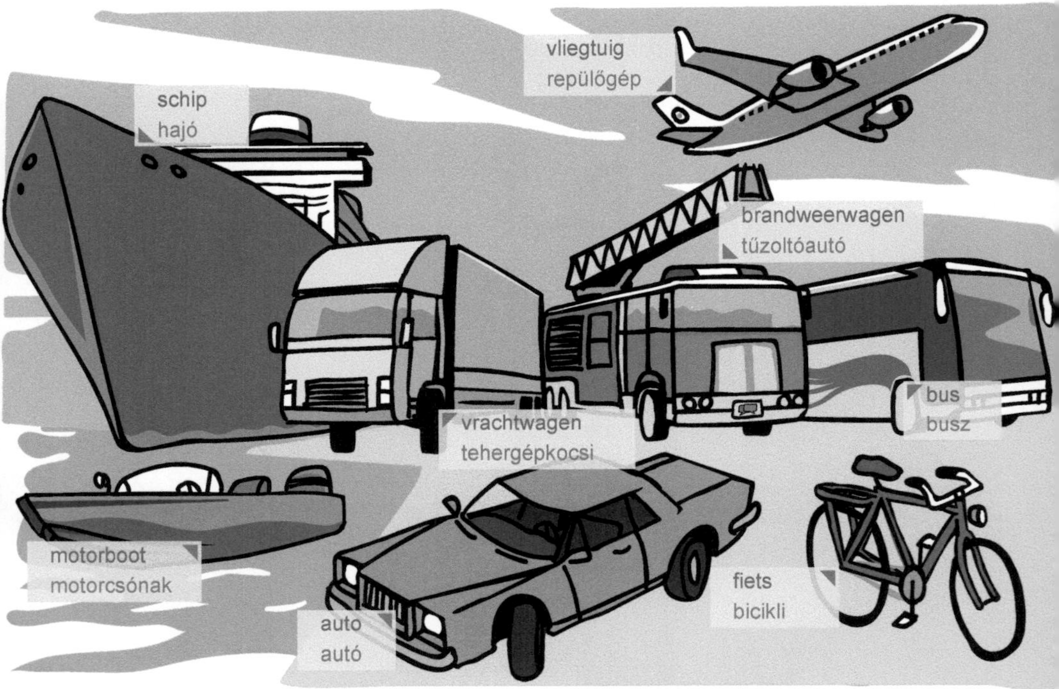
vliegtuig
repülőgép
schip
hajó
brandweerwagen
tűzoltóautó
bus
busz
vrachtwagen
tehergépkocsi
motorboot
motorcsónak
fiets
bicikli
auto
autó

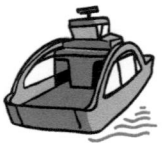

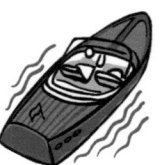

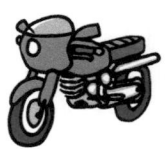

veerboot

komp

boot

csónak

motor

motorkerékpár

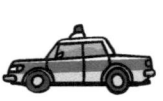

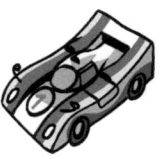

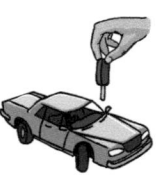

politiewagen

rendőrautó

racewagen

versenyautó

huurauto

bérauto

carpoolen

telekocsi

sleepwagen

vontató

vuilniswagen

szemetes autó

motor

motor

benzine

üzemanyag

benzinestation

benzinkút

verkeersbord

közlekedési tábla

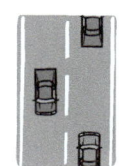

verkeer

forgalom

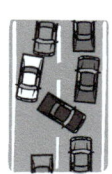

file

forgalmi dugó

parkeerplaats

parkoló

station

vonatállomás

sporen

sínek

trein

vonat

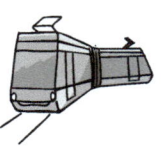

tram

villamos

wagon

vagon

helikopter

helikopter

luchthaven

repülőtér

toren

torony

passagier

utas

container

konténer

karton

kartondoboz

kar

taliga

mand

kosár

opstijgen / landen

felszáll / leszáll

stad

város

dorp

falu

stadscentrum

városközpont

huis

ház

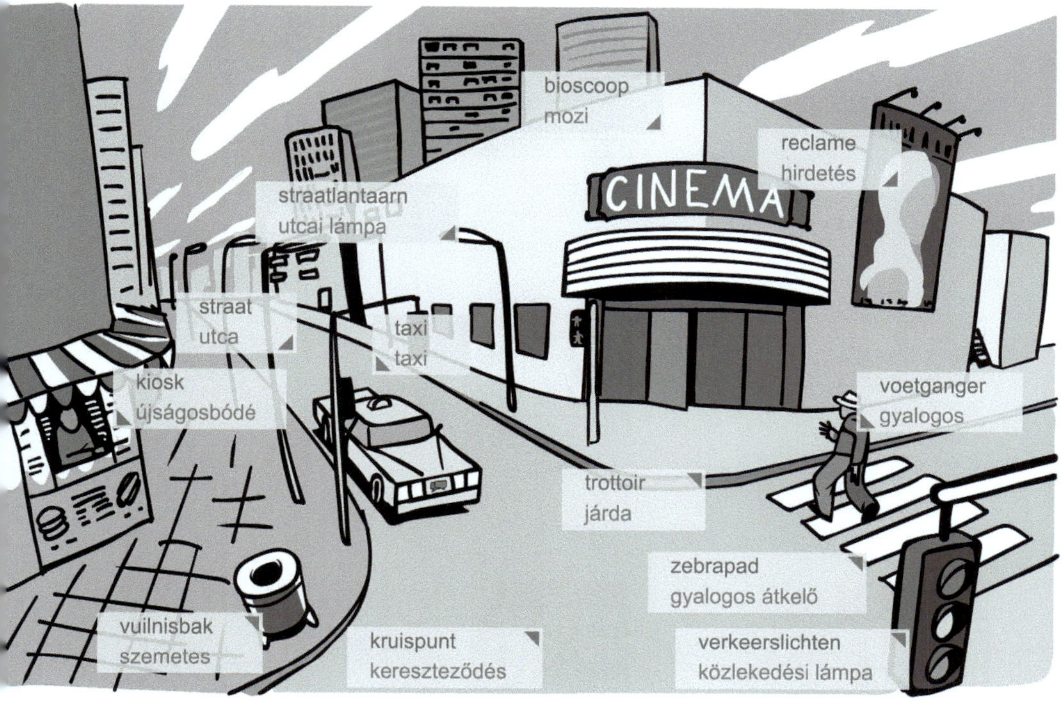

bioscoop
mozi

reclame
hirdetés

straatlantaarn
utcai lámpa

CINEMA

straat
utca

taxi
taxi

kiosk
újságosbódé

voetganger
gyalogos

trottoir
járda

zebrapad
gyalogos átkelő

vuilnisbak
szemetes

kruispunt
kereszteződés

verkeerslichten
közlekedési lámpa

hut

kunyhó

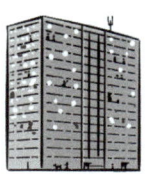

woning

lakás

station

vonatállomás

stadshuis

városháza

museum

múzeum

school

iskola

universiteit

egyetem

bank

bank

ziekenhuis

kórház

hotel

hotel

apotheek

gyógyszertár

kantoor

iroda

boekwinkel

könyvesbolt

winkel

üzlet

bloemenwinkel

virágüzlet

supermarkt

szupermarket

markt

piac

warenhuis

áruház

vishandelaar

halárus

winkelcentrum

bevásárló központ

haven

kikötő

park

park

bank

pad

brug

híd

trap

lépcső

metro

metró

tunnel

alagút

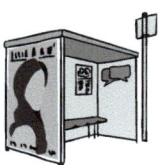

bushalte

buszmegálló

bar

bár

restaurant

étterem

brievenbus

postaláda

straatnaambord

utcatábla

parkeermeter

parkoló óra

zoo

állatkert

zwembad

uszoda

moskee

mecset

boerderij

gazdálkodás

milieuverontreiniging

környezetszennyezés

kerkhof

temető

kerk

templom

speelplaats

játszótér

tempel

szentély

landschap

táj

blad
levél

wegwijzer
útjelző tábla

weg
út

weide
rét

steen
kő

wandelaar
túrázó

boom
fa

rivier
folyó

gras
fü

bloem
virág

vallei

völgy

heuvel

domb

meer

tó

bos

erdő

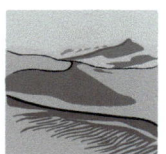

woestijn

sivatag

vulkaan

vulkán

kasteel

kastély

regenboog

szivárvány

paddenstoel

gomba

palmboom

pálmafa

mug

szúnyog

vlieg

légy

mier

hangya

bijl

méhecske

spin

pók

kever

bogár

kikker

béka

eekhoorn

mókus

egel

sündisznó

haas

nyúl

uil

bagoly

vogel

madár

zwaan

hattyú

wild zwijn

vaddisznó

hert

szarvas

eland

rénszarvas

dam

gát

windturbine

szélturbina

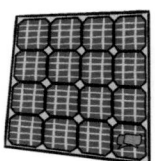

zonnepaneel

napelem

klimaat

éghajlat

restaurant
étterem

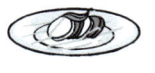

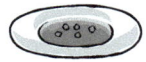

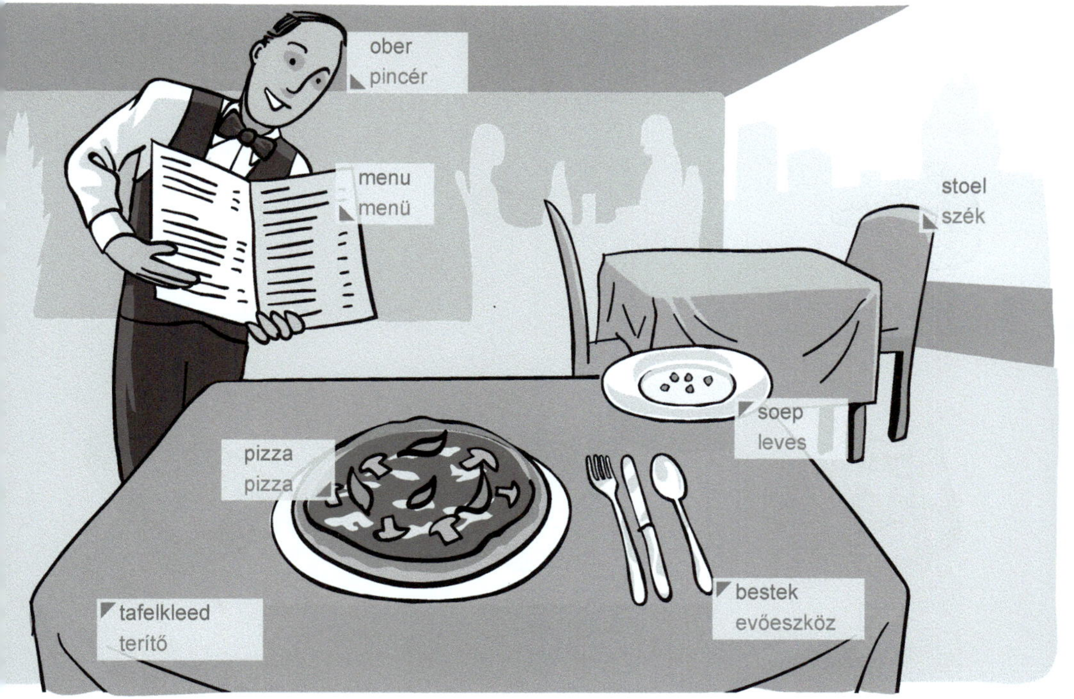
ober
pincér
menu
menü
stoel
szék
soep
leves
pizza
pizza
bestek
evőeszköz
tafelkleed
terítő

voorgerecht
előétel

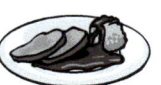

hoofdgerecht
főétel

nagerecht
desszert

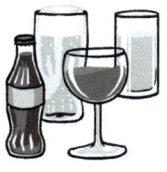

drankjes
italok

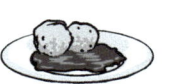

eten
étel

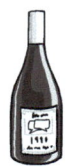

fles
üveg

fastfood

gyorsétel

street food

gyorsétel

theepot

teás kanna

suikerpot

cukortartó

portie

adag

espressomachine

eszpresszógép

kinderstoel

bárszék

rekening

számla

dienblad

tálca

mes

kés

vork

villa

lepel

kanál

theelepel

teáskanál

serviette

szalvéta

glas

pohár

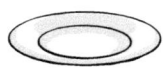

bord

tányér

soepbord

leveses tányér

schoteltje

csészealj

saus

szósz

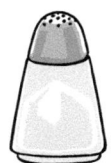

zoutvatje

sószóró

pepermolen

borsőrlő

azijn

ecet

olie

étkezési olaj

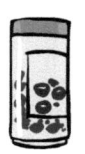

kruiden

fűszerek

ketchup

ketchup

mosterd

mustár

mayonaise

majonéz

supermarkt
szupermarket

aanbieding
különleges ajánlat
FOR
klant
ügyfél
zuivelproducten
tejtermék
fruit
gyümölcsök
winkelwagen
bevásárló kocsi

BUTCHERS

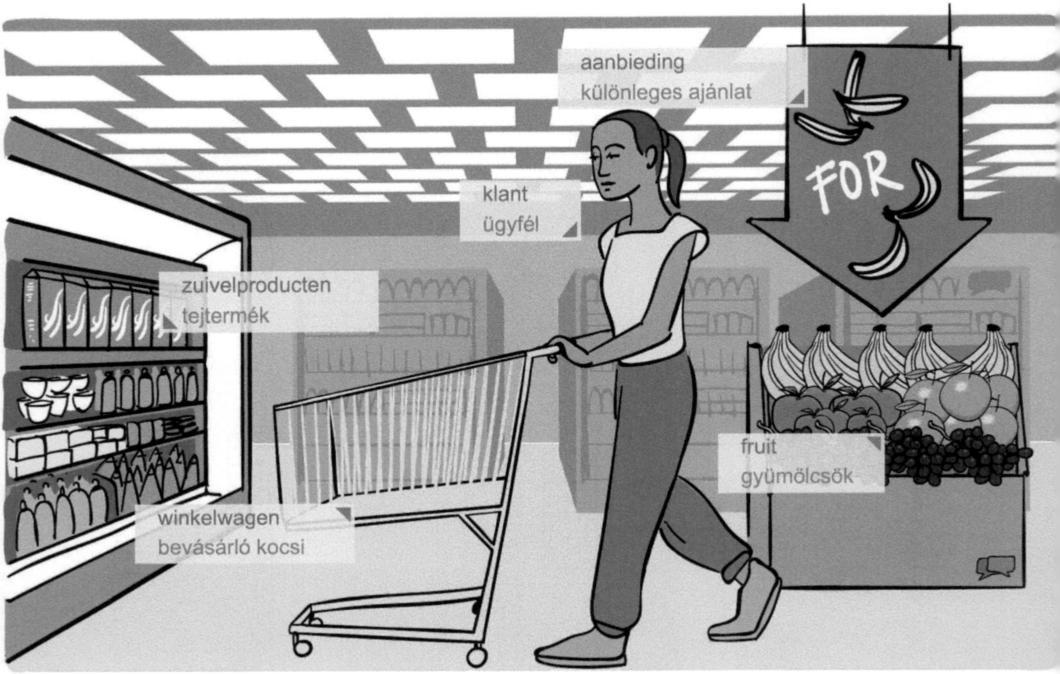

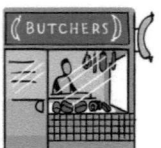

slagerij

hentes

BAKERY

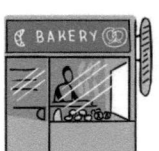

bakkerij

pékség

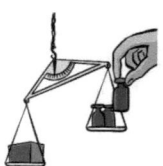

wegen

nyom valamennyit

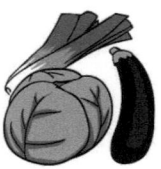

groenten

zöldség

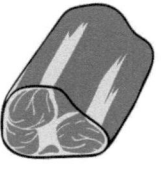

vlees

hús

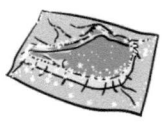

diepvriesvoedsel

fagyasztott áru

charcuterie

felvágott

conserven

konzerv

waspoeder

mosópor

snoep

édességek

huishoudproducten

háztartási termék

schoonmaakproducten

tisztítószerek

verkoopster

eladó

kassa

pénztárgép

kassier

eladó

boodschappenlijstje

bevásárló lista

openingstijden

nyitva tartás

portefeuille

levéltárca

kredietkaart

hitelkártya

tas

zacskó

plastieken zakje

műanyag zacskó

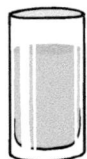

water

víz

sap

gyümölcslé

melk

tej

cola

kóla .

wijn

bor

bier

sör

alcohol

alkohol

cacao

kakaó

thee

tea

koffie

kávé

espresso

eszpresszó

cappuccino

kapucsínó

banaan

banán

appel

alma

sinaasappel

narancs

meloen

sárgadinnye

citroen

citrom

wortel

sárgarépa

knoflook

fokhagyma

bamboe

bambusz

ajuin

hagyma

champignon

gomba

noten

magvak

noodles

nokedli

spaghetti

spagetti

rijst

rizs

salade

saláta

frieten

sült krumpli

gebakken aardappelen

sült burgonya

pizza

pizza

hamburger

hamburger

sandwich

szendvics

kalfslapje

hússzelet

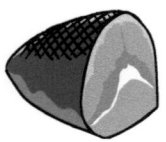

ham

sonka

salami

szalámi

worst

kolbász

kip

csirke

braden

pecsenye

vis

hal

havervlokken

zabkása

muesli

müzli

cornflakes

kukoricapehely

bloem

liszt

croissant

croissant

pistolet

zsemle

brood

kenyér

toast

pirítós kenyér

koekjes

keksz

boter

vaj

kwark

túró

taart

sütemény

ei

tojás

spiegelei

tükörtojás

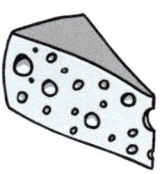

kaas

sajt

ijs

jégkrém

suiker

cukor

honing

méz

confituur

lekvár

choco

mogyorókrém

curry

curry

eten - étel

boerderij
gazdálkodás

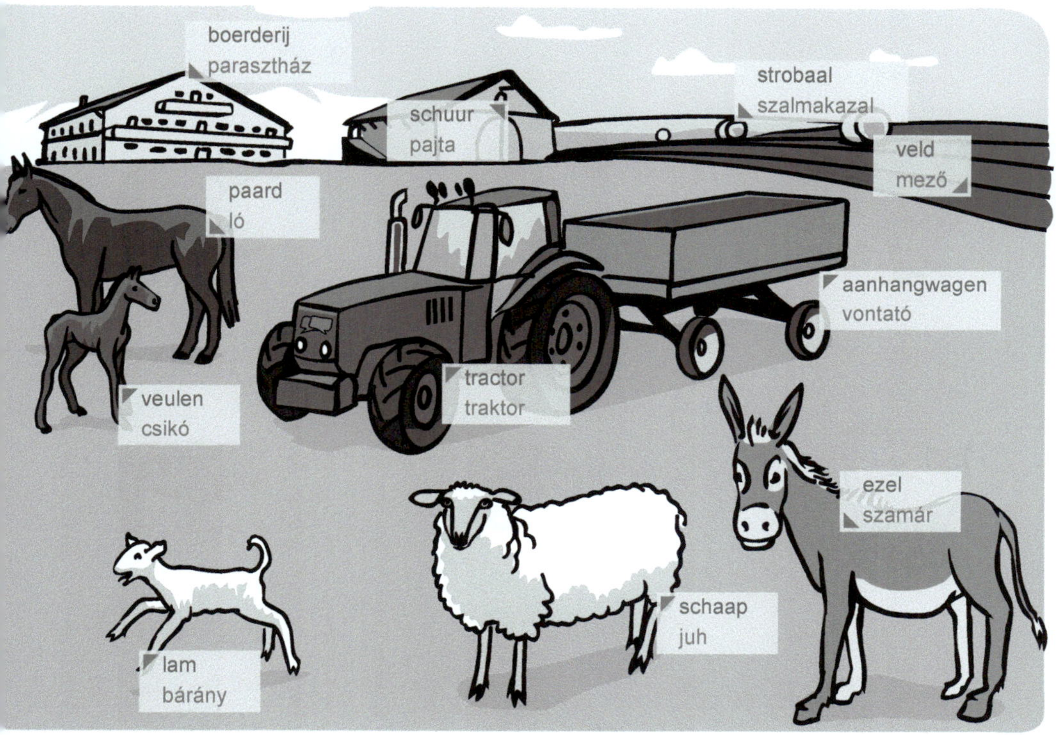

boerderij
parasztház
schuur
pajta
strobaal
szalmakazal
veld
mező
paard
ló
aanhangwagen
vontató
veulen
csikó
tractor
traktor
ezel
szamár
schaap
juh
lam
bárány

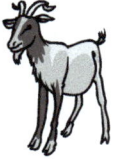

geit

kecske

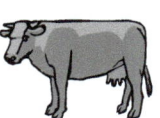

koe

tehén

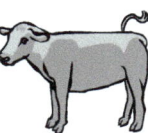

kalf

borjú

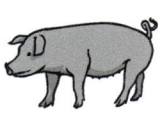

varken

malac

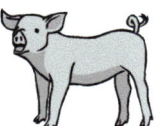

biggetje

kismalac

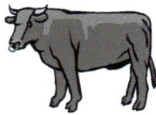

stier

bika

gans

liba

eend

kacsa

kuiken

csibe

kip

tojó

haan

kakas

rat

patkány

kat

macska

muis

egér

os

ökör

hond

kutya

hondenhok

kutyaház

tuinslang

kerti öntözőcső

gieter

öntözőkanna

zeis

kasza

ploeg

eke

sikkel

sarló

schoffel

kapa

hooivork

vasvilla

bijl

fejsze

kruiwagen

talicska

trog

teknő

melkkan

tejes kancsó

zak

zsák

hek

kerítés

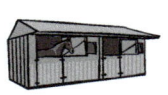

stal

istálló

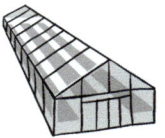

broeikas

üvegház

bodem

talaj

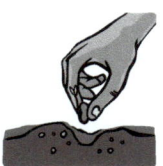

zaad

vetőmag

mest

trágya

maaidorser

cséplőgép

oogsten

szüretelni

oogst

betakarítás

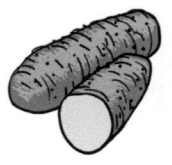

yam

yamgyökér

tarwe

búza

soja

szója

aardappel

burgonya

maïs

kukorica

koolzaad

repcemag

fruitboom

gyümölcsfa

maniok

manióka

graan

gabona

huis
ház

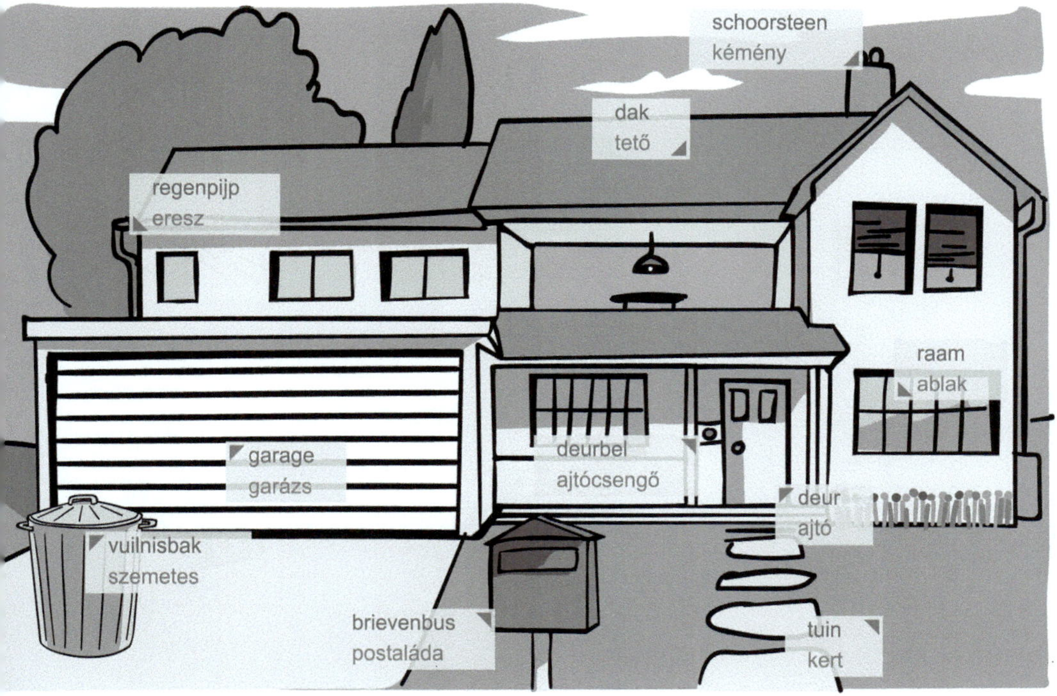

schoorsteen
kémény
dak
tető
regenpijp
eresz
raam
ablak
deurbel
ajtócsengő
garage
garázs
deur
ajtó
vuilnisbak
szemetes
brievenbus
postaláda
tuin
kert

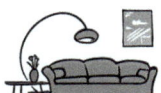

woonkamer

nappali

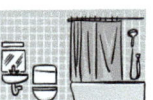

badkamer

fürdőszoba

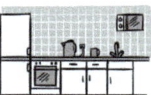

keuken

konyha

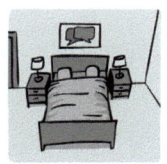

slaapkamer

hálószoba

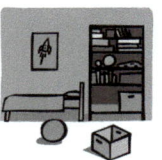

kinderkamer

gyerekszoba

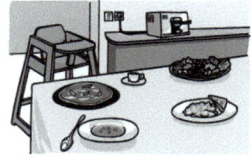

eetkamer

ebédlő

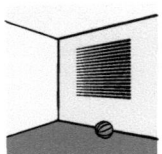

vloer

padló

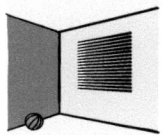

muur

fal

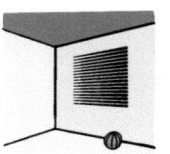

plafond

plafon

kelder

pince

sauna

szauna

balkon

erkély

terras

terasz

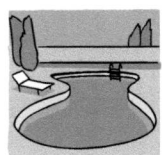

zwembad

medence

grasmaaier

fünyíró

dekbedovertrek

lepedő

dekbed

ágytakaró

bed

ágy

bezem

seprű

emmer

vödör

schakelaar

kapcsoló

woonkamer
nappali

behangpapier
tapéta
foto
kép
lamp
lámpa
schap
polc
kast
szekrény
televisie
televízió
open haard
kandalló
bloem
virág
kussen
párna
sofa
kanapé
vaas
váza
afstandsbediening
távirányító

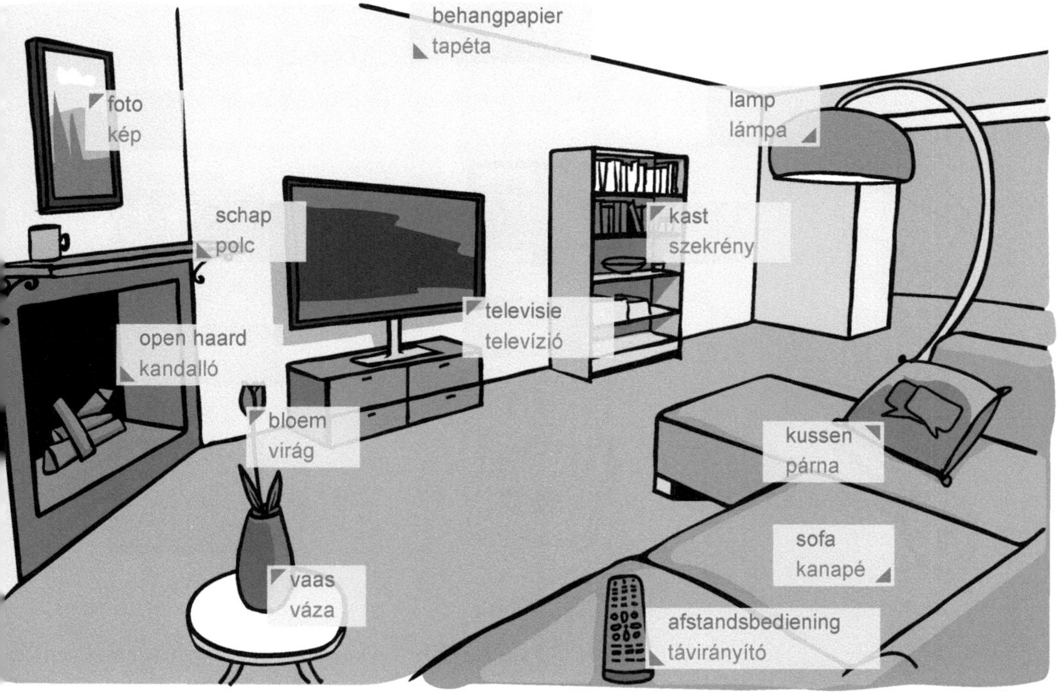

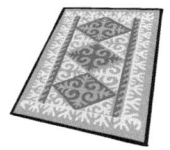

mat
szőnyeg

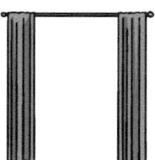

gordijn
függöny

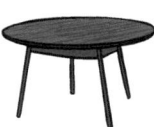

tafel
asztal

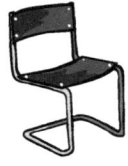

stoel
szék

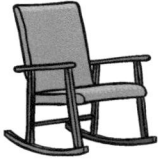

schommelstoel
hintaszék

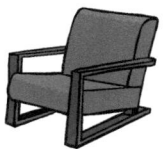

fauteuil
karosszék

boek

könyv

deken

takaró

decoratie

dekoráció

brandhout

tűzifa

film

film

stereo-installatie

hifi

sleutel

kulcs

krant

újság

schilderij

festmény

poster

poszter

radio

rádió

notitieboekje

jegyzetfüzet

stofzuiger

porszívó

cactus

kaktusz

kaars

gyertya

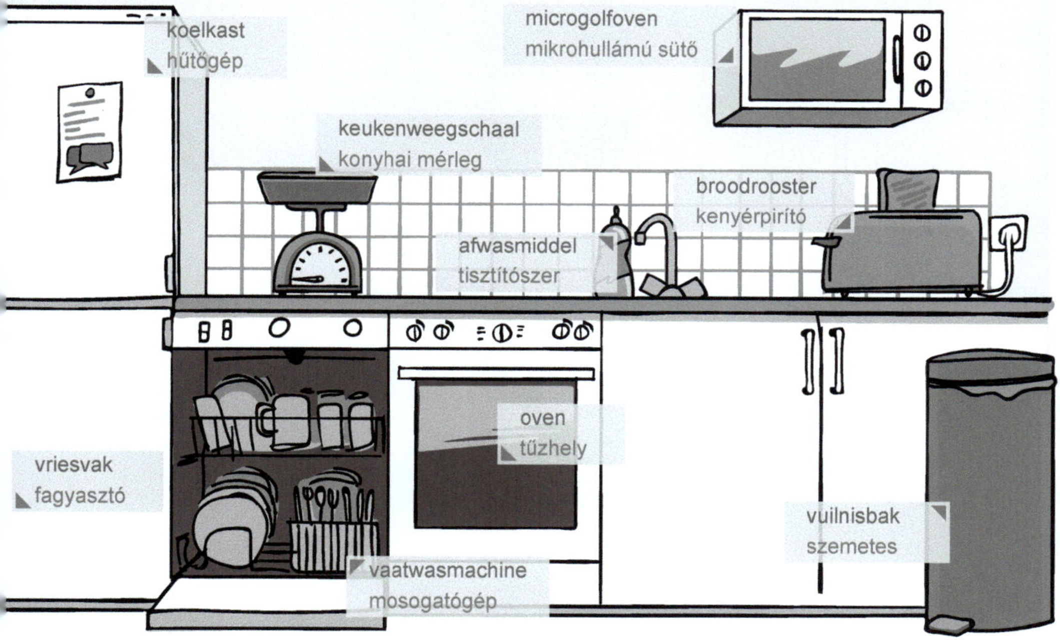

koelkast
hűtőgép

microgolfoven
mikrohullámú sütő

keukenweegschaal
konyhai mérleg

broodrooster
kenyérpirító

afwasmiddel
tisztítószer

oven
tűzhely

vriesvak
fagyasztó

vuilnisbak
szemetes

vaatwasmachine
mosogatógép

fornuis
....
tűzhely

pot
....
edény

gietijzeren pot
....
vasfazék

wok / kadai
....
wok / kadai

pan
....
serpenyö

waterkoker
....
vízforraló

stoomkoker

pároló

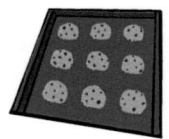

bakplaat

tepsi

servies

étkészlet

mok

bögre

kom

tálka

eetstokjes

evőpálcika

pollepel

merőkanál

spatel

keverőlapátka

garde

habverő

vergiet

szűrő

zeef

szita

rasp

reszelő

mortier

mozsár

barbecue

grillsütő

haardvuur

kandalló

snijplank

vágódeszka

deegrol

sodrófa

kurkentrekker

dugóhúzó

blik

doboz

blikopener

konzervnyitó

pannenlap

edényfogó

gootsteen

mosogató

borstel

kefe

spons

szivacs

blender

turmixgép

vriezer

mélyhűtő

papfles

cumisüveg

kraan

csap

badkamer
fürdőszoba

verwarming
fűtés
handdoek
törölköző
douche
zuhany
douchegordijn
zuhanyfüggöny
bubbelbad
habfürdő
badkuip
kád
glas
pohár
wasmachine
mosógép
kraan
csap
tegels
csempe
kinderpo
bili
gootsteen
mosogató

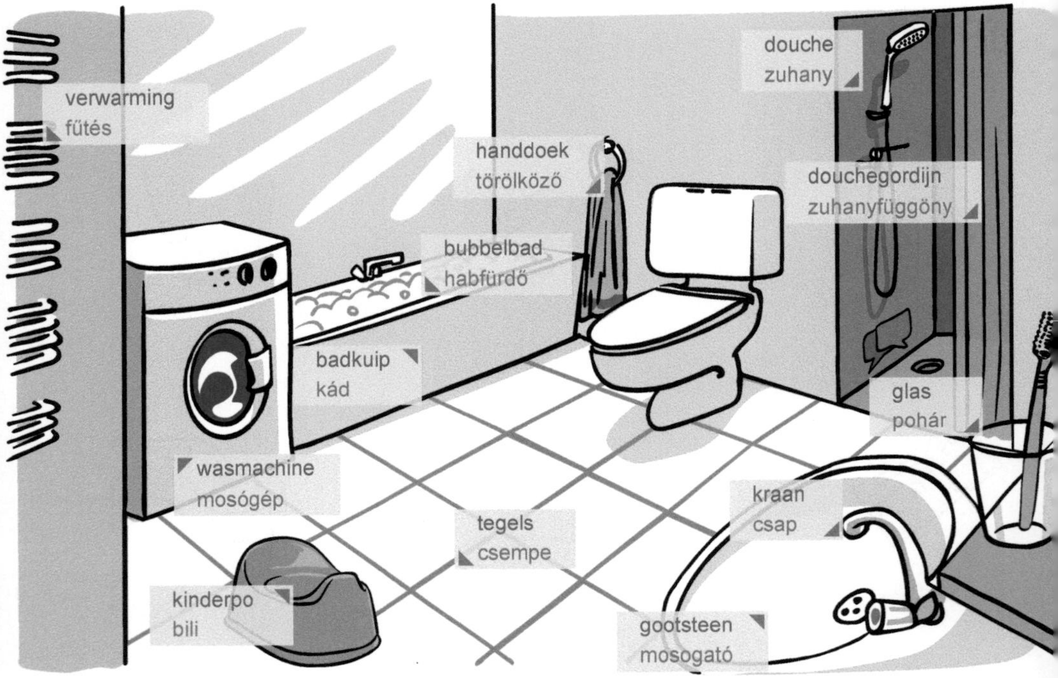

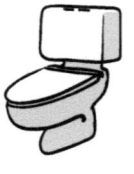

toilet

toalett

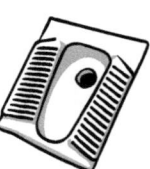

hurktoilet

guggolós toalett

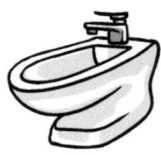

bidet

bidé

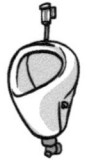

urinoir

piszoár

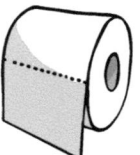

toiletpapier

toalett papír

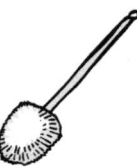

toiletborstel

wc kefe

tandenborstel

fogkefe

tandpasta

fogkrém

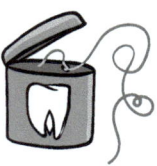

flosdraad

fogselyem

wassen

mosni

handdouche

kézi zuhany

bidethanddouche

intimzuhany

waskom

mosdótál

rugborstel

hátmosó kefe

zeep

szappan

douchegel

tusfürdő

shampoo

sampon

washandje

mosdókesztyű

afvoer

lefolyó

crème

krém

deodorant

dezodor

spiegel

tükör

handspiegel

kézitükör

scheermes

borotva

scheerschuim

borotvahab

aftershave

borotválkozás utáni
arcszesz

kam

fésű

borstel

hajkefe

haardroger

hajszárító

haarlak

hajlakk

make-up

smink

lippenstift

ajakrúzs

nagellak

körömlakk

watten

vatta

nagelknipper

körömvágó olló

parfum

parfüm

toilettas

neszesszer

kruk

sámli

weegschaal

mérleg

badjas

köntös

latex handschoenen

gumikesztyű

tampon

tampon

maandverband

egészségügyi betét

chemisch toilet

vegyi WC

kinderkamer
gyerekszoba

wekker
ébresztő óra
knuffel
plüssállat
speelgoedauto
játékautó
rammelaar
csörgő
poppenhuis
babaház
geschenk
ajándék

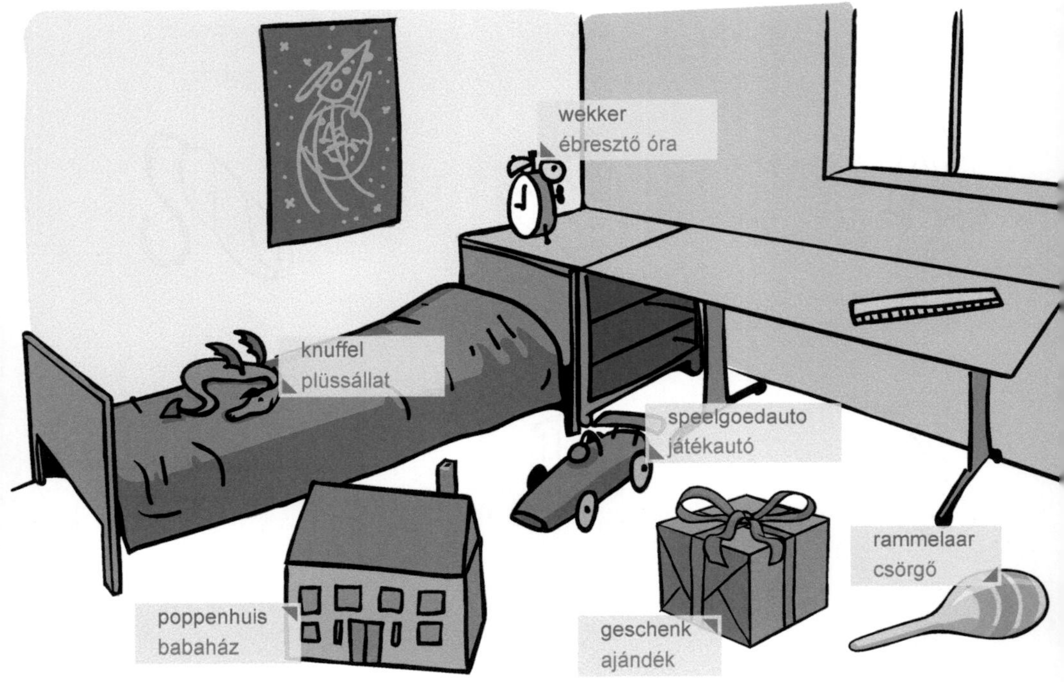

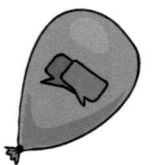

ballon
lufi

bed
ágy

kinderwagen
babakocsi

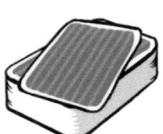

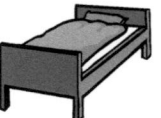

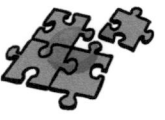

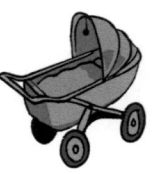

spel kaarten
kártyapakli

puzzel
kirakós játék

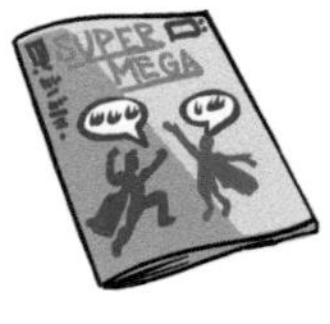

stripboek
képregény

legoblokjes

építőkockák

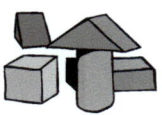

blokken

építőelem

actiefiguur

szuperhős

kruippakje

rugdalózó

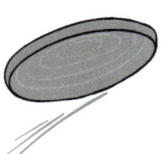

frisbee

frizbi

mobiel

zenélő forgó

bordspel

társasjáték

dobbelsteen

kocka

modelspoorweg

modellvasút

fopspeen

cumi

feest

zsúr

prentenboek

képeskönyv

bal

labda

pop

baba

spelen

játszani

zandbak

homokozó

schommel

hinta

speelgoed

játékok

spelconsole

videójáték konzol

driewieler

tricikli

knuffelbeer

teddi maci

kleerkast

ruhásszekrény

kleding

ruházat

sokken

zokni

kousen

harisnya

maillot

harisnyanadrág

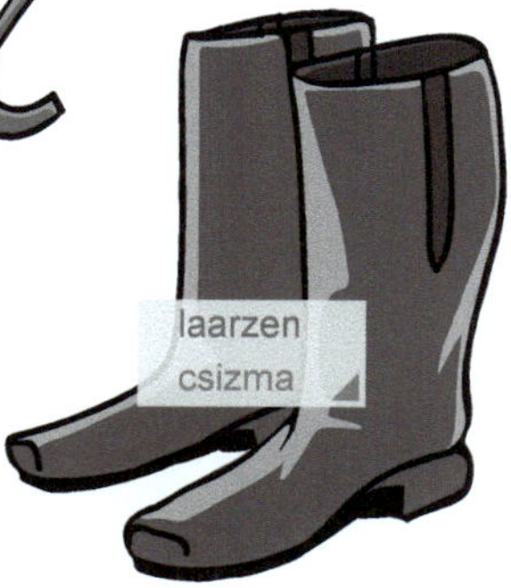

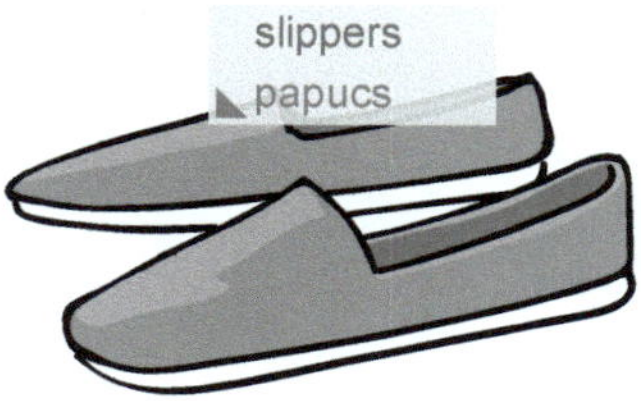

sjaal
sál

paraplu
esernyő

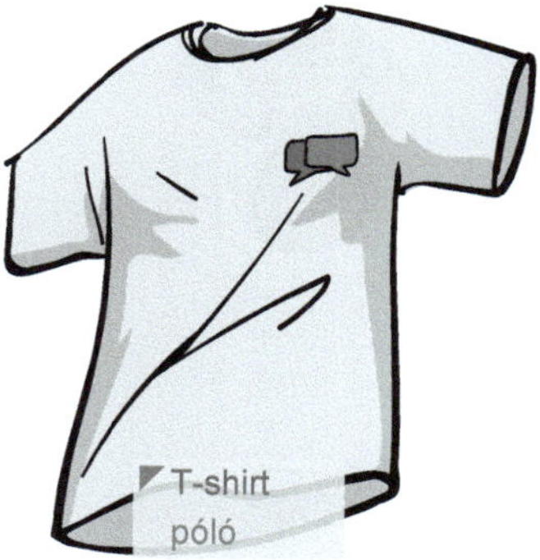

T-shirt
póló

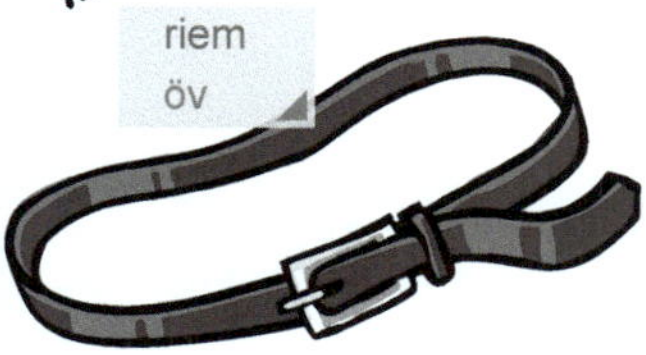

riem
öv

laarzen
csizma

slippers
papucs

sneakers
tornacipő

sandalen

szandál

schoenen

cipő

rubberlaarzen

gumicsizma

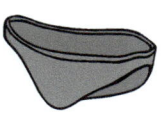

onderbroek

alsónadrág

beha

melltartó

onderhemd

mellény

lichaam

body

broek

nadrág

jeans

farmer

rok

szoknya

blouse

blúz

hemd

ing

trui

pulóver

capuchontrui

kapucnis pulóver

blazer

blézer

jas

dzseki

jas

kabát

regenjas

esőkabát

kostuum

kosztüm

jurk

ruha

trouwjurk

esküvői ruha

pak

öltöny

nachthemd

hálóing

pyjama

pizsama

sari

szári

hoofddoek

fejkendő

tulband

turbán

boerka

burka

kaftan

kaftán

abaya

abaya

badpak

fürdőruha

zwembroek

fürdőnadrág

short

rövidnadrág

trainingspak

tréningruha

schort

kötény

handschoenen

kesztyű

knoop

gomb

bril

szemüveg

armband

karkötő

ketting

nyaklánc

ring

gyűrű

oorbel

fülbevaló

pet

sapka

kapstok

vállfa

hoed

kalap

das

nyakkendő

rits

cipzár

helm

bukósisak

bretellen

nadrágtartó

schooluniform

iskolai egyenruha

uniform

egyenruha

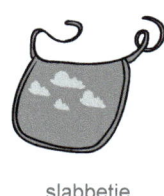

slabbetje

előke

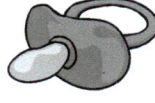

fopspeen

cumi

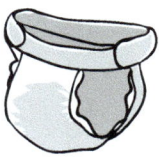

luier

pelenka

kantoor
iroda

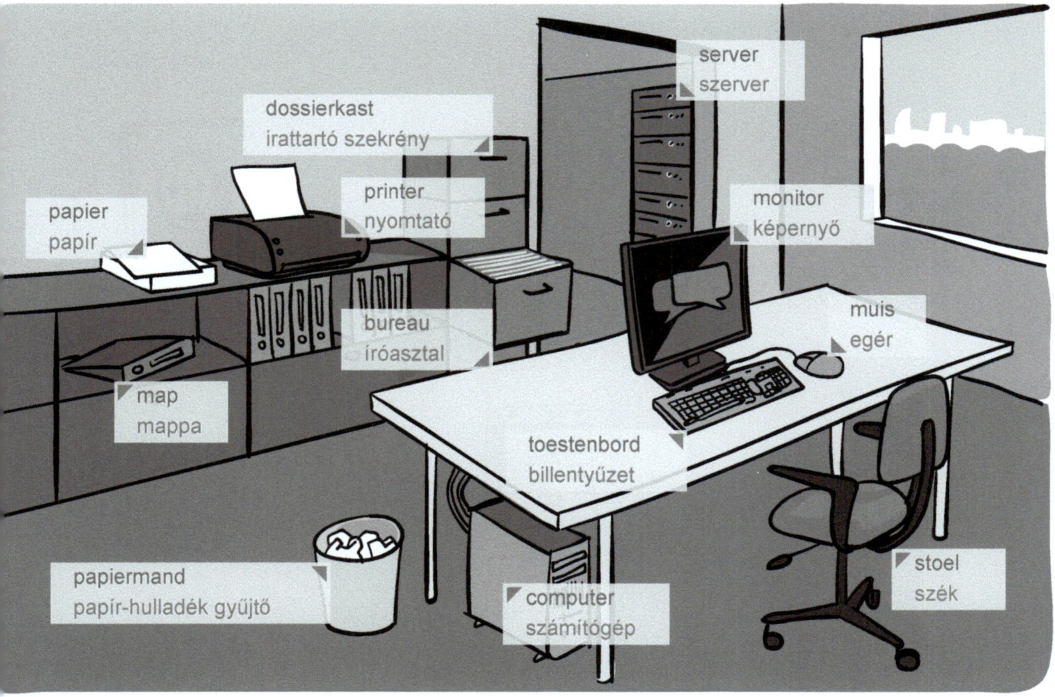

server
szerver
dossierkast
irattartó szekrény
printer
nyomtató
papier
papír
monitor
képernyő
muis
egér
bureau
íróasztal
map
mappa
toestenbord
billentyűzet
papiermand
papír-hulladék gyűjtő
computer
számítógép
stoel
szék

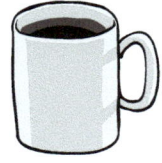

koffiemok

kávéscsésze

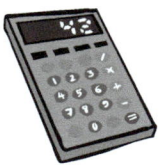

rekenmachine

számológép

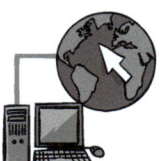

internet

internet

laptop
laptop

brief
levél

bericht
üzenet

gsm
mobiltelefon

netwerk
hálózat

kopieerapparaat
fénymásoló

software
szoftver

telefoon
telefon

stopcontact
konnektor

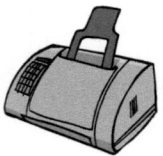

fax
faxgép

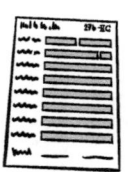

formulier
formanyomtatvány

document
dokumentum

kopen
....
venni

betalen
....
fizetni

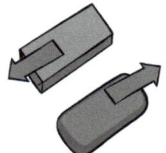

handelen
....
kereskedni

geld
....
pénz

USD

dollar
....
dollár

EUR

euro
....
euró

JPY

yen
....
jen

RUB

roebel
....
rubel

CHF

Zwitserse frank
....
svájci frank

CNY

Chinese renminbi
....
kínai jüan

INR

roepie
....
rúpia

geldautomaat
....
bankautomata

wisselkantoor

valutaváltó iroda

goud

arany

zilver

ezüst

olie

olaj

energie

energia

prijs

ár

contract

szerződés

belasting

adó

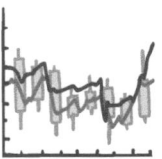

aandeel

részvény

werken

dolgozni

werknemer

munkavállaló

werkgever

munkaadó

fabriek

gyár

winkel

üzlet

beroepen
foglalkozások

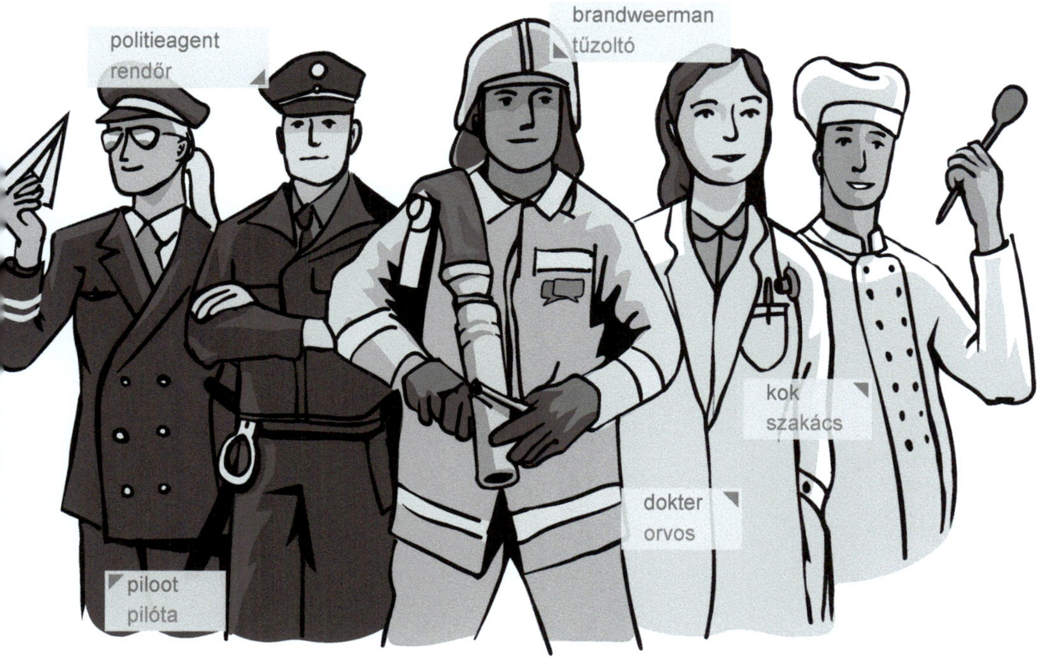
politieagent
rendőr
brandweerman
tűzoltó
kok
szakács
dokter
orvos
piloot
pilóta

tuinman

kertész

timmerman

kárpitos

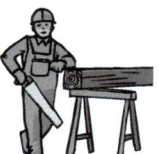

naaister

varrónő

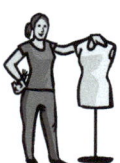

rechter

bíró

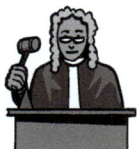

chemicus

vegyész

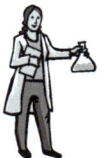

acteur

színész

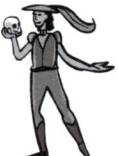

buschauffeur

buszsofőr

taxichauffeur

taxisofőr

visser

halász

schoonmaakster

bejárónő

dakdekker

tetőfedő

ober

pincér

jager

vadász

schilder

festő

bakker

pék

elektricien

villanyszerelő

bouwvakker

építőmunkás

ingenieur

mérnök

slager

hentes

loodgieter

vízvezeték-szerelő

postbode

postás

soldaat

katona

architect

építész

kassier

eladó

bloemist

virágos

kapper

fodrász

conducteur

kalauz

mecanicien

műszerész

kapitein

kapitány

tandarts

fogorvos

wetenschapper

tudós

rabbijn

rabbi

imam

imám

monnik

szerzetes

geestelijke

lelkész

werktuigen
szerszámok

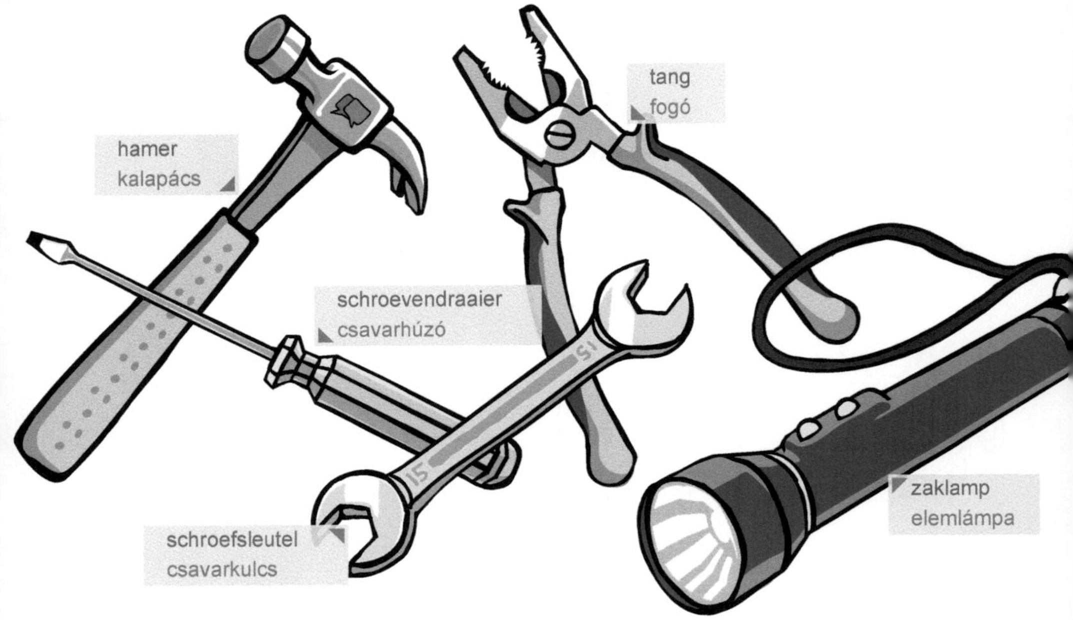

tang
fogó
hamer
kalapács
schroevendraaier
csavarhúzó
zaklamp
elemlámpa
schroefsleutel
csavarkulcs

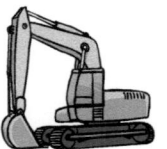

graafmachine

markológép

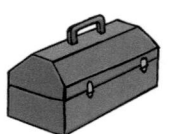

gereedschapskoffer

szerszámosláda

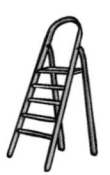

ladder

vödör

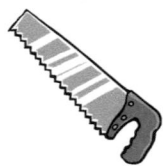

zaag

fűrész

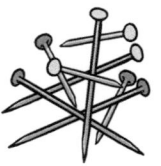

spijkers

szög

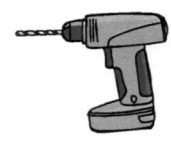

boormachine

fúrógép

repareren

megjavítani

schop

lapát

Verdomme!

A francba!

blik

szemétlapát

verfpot

festékesdoboz

schroeven

csavar

muziekinstrumenten
hangszerek

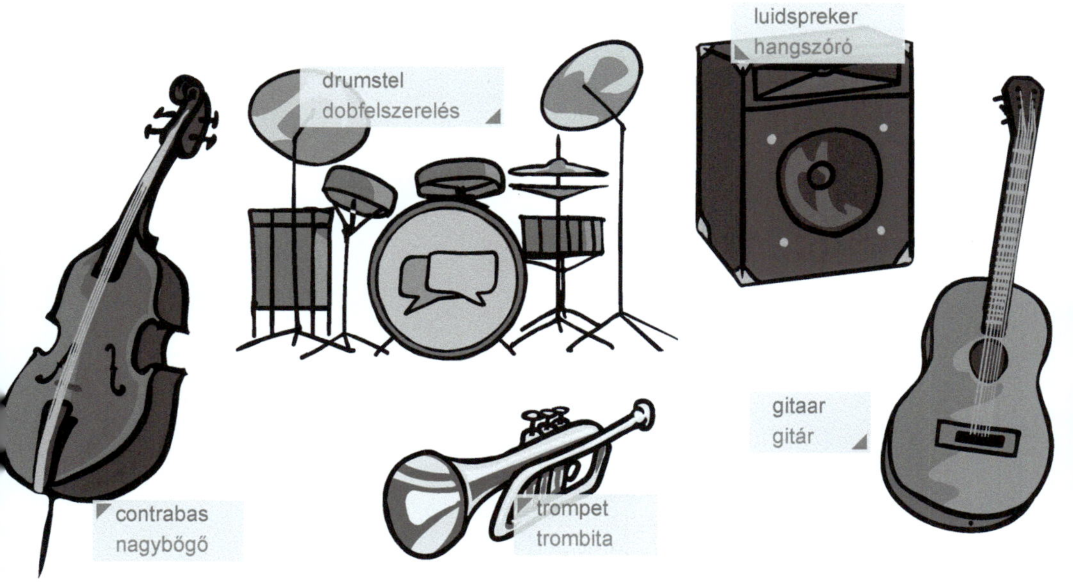

luidspreker
hangszóró

drumstel
dobfelszerelés

gitaar
gitár

contrabas
nagybőgő

trompet
trombita

piano

zongora

viool

hegedű

basgitaar

basszusgitár

pauk

üstdob

trommels

dobok

keyboard

digitális zongora

saxofoon

szaxofon

fluit

fuvola

microfoon

mikrofon

ingang
bejárat

tijger
tigris

kooi
kalitka

zebra
zebra

diereneten
állateledel

panda
panda

dieren

állatok

olifant

elefánt

kangoeroe

kenguru

neushoorn

orrszarvú

gorilla

gorilla

beer

medve

kameel

teve

struisvogel

strucc

leeuw

oroszlán

aap

majom

flamingo

flamingó

papegaai

papagáj

ijsbeer

jegesmedve

pinguïn

pingvin

haai

cápa

pauw

páva

slang

kígyó

krokodil

krokodil

dierenverzorger

állatgondozó

zeehond

fóka

jaguar

jaguár

pony

póniló

luipaard

leopárd

nijlpaard

víziló

giraffe

zsiráf

adelaar

sas

wild zwijn

vaddisznó

vis

hal

zeeschildpad

teknös

walrus

rozmár

vos

róka

gazelle

gazella

rugby
amerikai futball

wielrennen
kerékpározás

tennis
tenisz

basketbal
kosárlabda

zwemmen
úszás

ijshockey
jégkorong

boksen
boksz

voetbal
futball

badminton
tollas

atletiek
atlétika

handbal
kézilabda

skiën
síelés

polo
lovaspóló

activiteiten
tevékenységek

lachen
nevetni
springen
ugrani
knuffelen
ölelni
wandelen
sétálni
zingen
énekelni
dromen
álmodni
bidden
dicsérni
kussen
csókolni

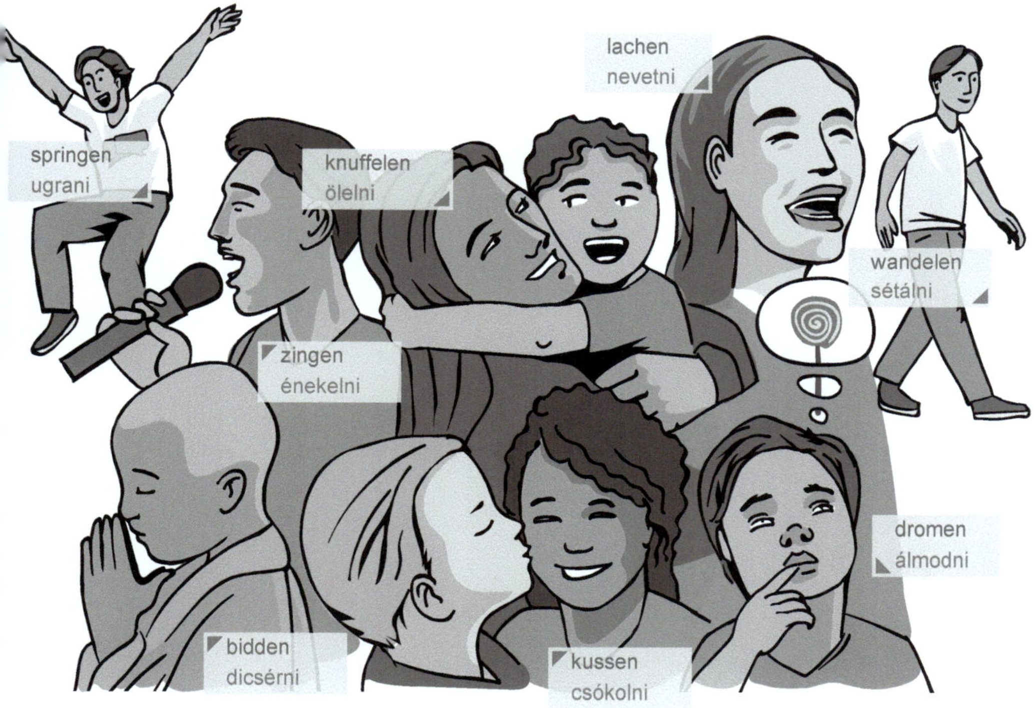

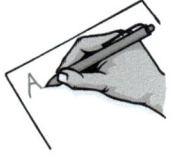

schrijven

írni

tekenen

rajzolni

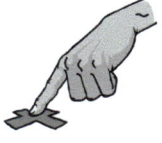

tonen

mutatni

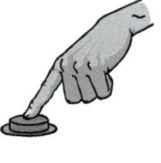

duwen

tolni

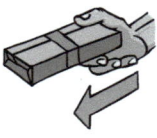

geven

adni

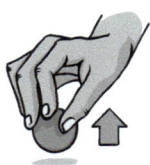

nemen

vinni

hebben

birtokolni

doen

csinálni

zijn

lenni

staan

állni

lopen

futni

trekken

húzni

gooien

hajít

vallen

esni

liggen

hazudni

wachten

várni

dragen

vinni

zitten

ülni

aankleden

felvenni

slapen

aludni

ontwaken

felébredni

kijken naar

ránézni

wenen

sírni

aaien

simogat

kammen

fésülni

praten

beszélni

begrijpen

megérteni

vragen

kérdezni

luisteren

hallgatni

drinken

inni

eten

enni

opruimen

takarítani

houden van

szeretni

koken

főzni

rijden

vezetni

vliegen

szállni

zeilen

vitorlázni

rekenen

számol

Lezen

olvasni

leren

tanulni

werken

dolgozni

trouwen

házasodni

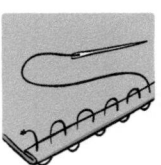

naaien

varrni

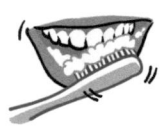

tandenpoetsen

fogat mosni

doden

ölni

roken

dohányozni

sturen

küldeni

familie
család

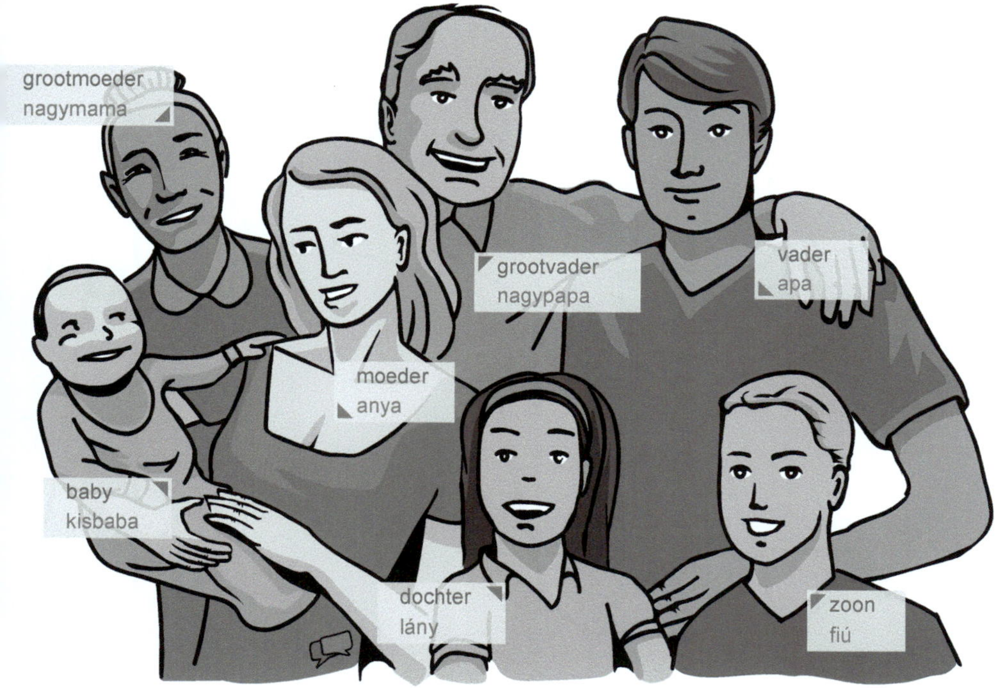
grootmoeder
nagymama
grootvader
nagypapa
vader
apa
moeder
anya
baby
kisbaba
dochter
lány
zoon
fiú

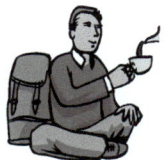

gast
vendég

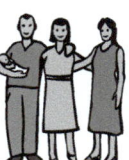

tante
nagynéni

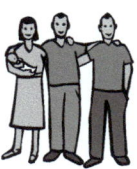

oom
nagybácsi

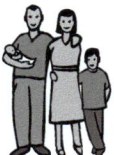

broer
fiútestvér

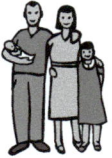

zus
lánytestvér

lichaam

test

voorhoofd
homlok
oog
szem
schouder
váll
vinger
ujj
gezicht
arc
kin
áll
hand
kéz
been
láb
borst
mell
arm
kar

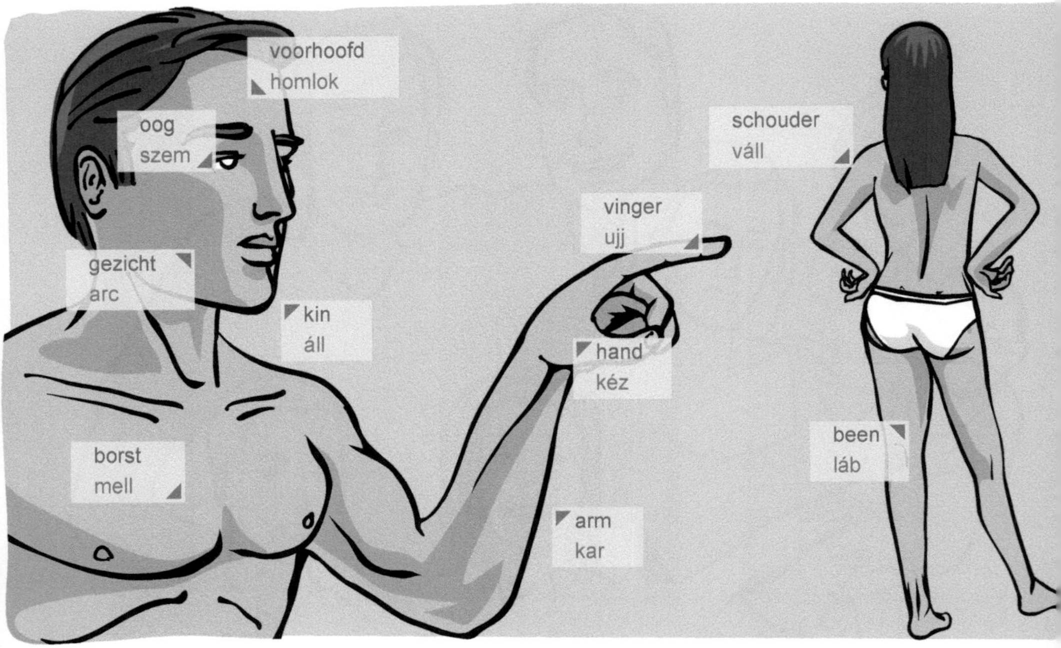

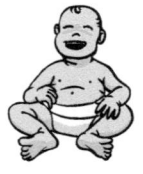

baby
kisbaba

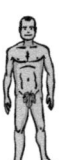

man
ember

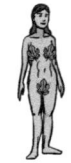

vrouw
nő

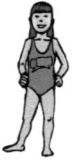

meisje
lány

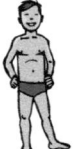

jongen
fiú

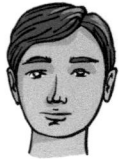

hoofd
fej

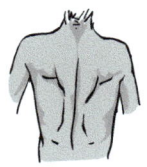

rug

hát

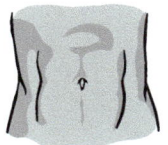

buik

has

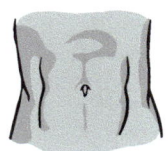

navel

köldök

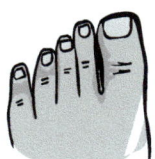

teen

lábujj

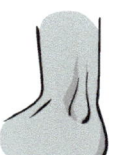

hiel

sarok

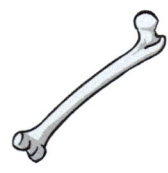

bot

csont

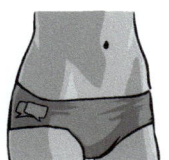

heup

csípő

knie

térd

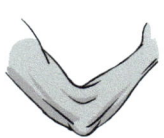

elleboog

könyök

neus

orr

zitvlak

fenék

huid

bőr

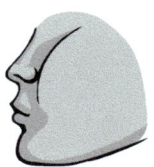

wang

orca

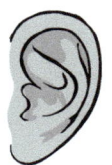

oor

fül

lip

ajak

mond
szák

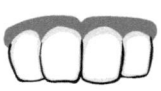

tand
fog

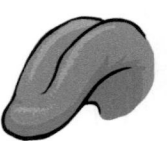

tong
nyelv

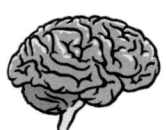

hersenen
agy

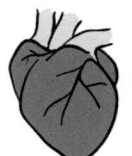

hart
szív

spier
izom

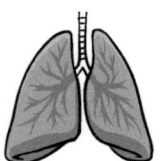

long
tüdő

lever
máj

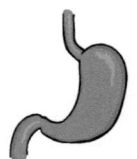

maag
gyomor

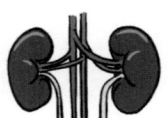

nieren
vese

seks
szex

condoom
kondom

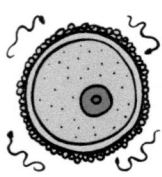

eicel
petesejt

sperma
sperma

zwangerschap
terhesség

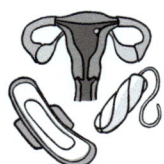

menstruatie

menstruáció

vagina

vagina

penis

pénisz

wenkbrauw

szemöldök

haar

haj

nek

nyak

ziekenhuis
kórház

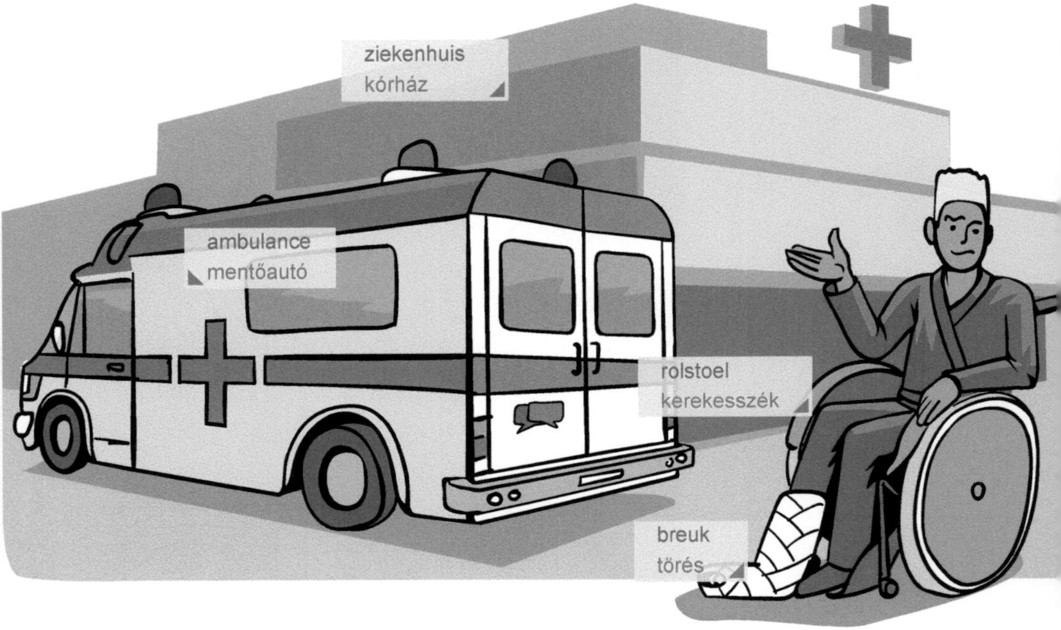

ziekenhuis
kórház
ambulance
mentőautó
rolstoel
kerekesszék
breuk
törés

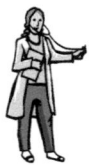

dokter
orvos

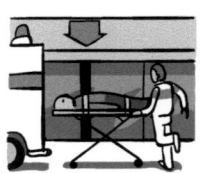

spoed
sürgősségi osztály

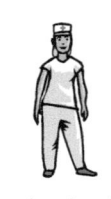

verpleegkundige
ápoló

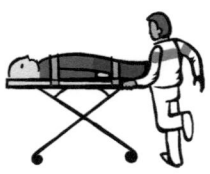

noodgeval
vészhelyzet

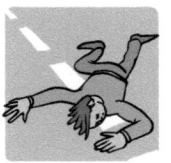

bewusteloos
eszméletlen

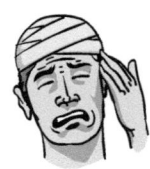

pijn
fájdalom

verwonding

sérülés

bloeding

vérzés

hartaanval

szívroham

beroerte

szélütés

allergie

allergia

hoest

köhögés

koorts

láz

griep

influenza

diarree

hasmenés

hoofdpijn

fejfájás

kanker

rák

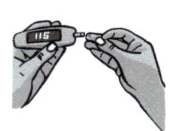

diabetes

cukorbetegség

chirurg

sebész

scalpel

szike

operatie

műtét

CT

CT

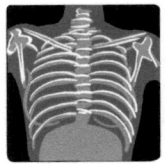

röntgenstraal

röntgen

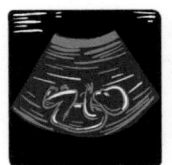

ultrageluid

ultrahang

gezichtsmasker

arcmaszk

ziekte

betegség

wachtkamer

váróterem

kruk

mankó

pleister

sebtapasz

verband

kötszer

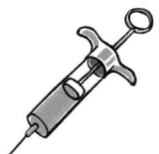

injectie

injekció

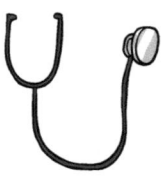

stethoscoop

sztetoszkóp

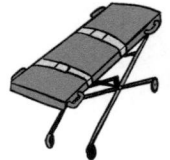

brancard

hordágy

thermometer

klinikai hőmérő

geboorte

születés

overgewicht

túlsúly

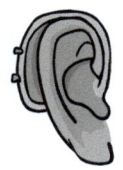

hoorapparaat

hallókészülék

ontsmettingsmiddel

fertőtlenítőszer

infectie

fertőzés

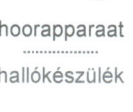

virus

vírus

HIV / AIDS

HIV/AIDS

medicijn

orvosság

vaccinatie

oltás

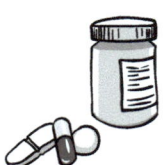

tabletten

tabletták

pil

tabletta

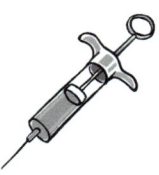

noodoproep

sürgősségi hívás

bloeddrukmeter

vérnyomásmérő

ziek / gezond

betegség / egészség

Help! Segítség!	 alarm riasztás	 overval rajtaütés
 aanval támadás	 gevaar veszély	 nooduitgang vészkijárat
Brand! tűz!	 brandblusser tűzoltókészülék	 ongeval baleset
 EHBO-kit elsősegélycsomag	 SOS SOS	 politie rendőrség

Europa

Európa

Noord-Amerika

Észak-Amerika

Zuid-Amerika

Dél-Amerika

Afrika

Afrika

Azië

Ázsia

Australië

Ausztrália

Atlantische Oceaan

Atlanti-óceán

Stille Oceaan

Csendes-óceán

Indische Oceaan

Indiai-óceán

Antarctische Oceaan

Déli-óceán

Arctische Oceaan

Jeges-tenger

Noordpool

Északi-sark

Zuidpool

Déli-sark

Antarctica

Antarktisz

aarde

föld

land

szárazföld

zee

tenger

eiland

sziget

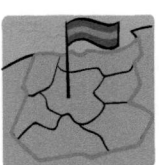

natie

nemzet

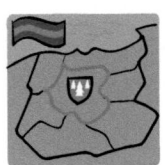

staat

állam

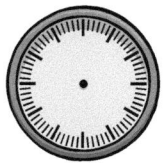

wijzerplaat

számlap

uurwijzer

kismutató

minuutwijzer

nagymutató

secondewijzer

másodpercmutató

Hoe laat is het?

Mennyi az idő?

dag

nap

tijd

idő

nu

most

digitale horloge

digitális óra

minuut

perc

uur

óra

week

hét

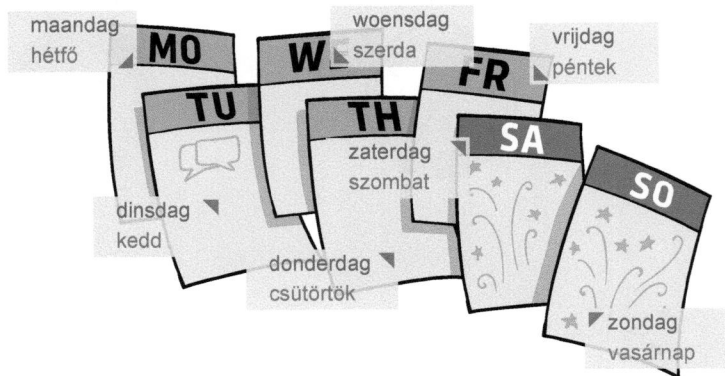

maandag / hétfő — MO
woensdag / szerda — W
vrijdag / péntek — FR
TU
TH
zaterdag / szombat — SA
dinsdag / kedd
donderdag / csütörtök
SO
zondag / vasárnap

gisteren
tegnap

TUE · 2

vandaag
ma

morgen
holnap

ochtend
reggel

middag
dél

avond
este

MO	TU	WE	TH	FR	SA	SU
1	2	3	4	5	6	7
8	9	10	11	12	13	14
15	16	17	18	19	20	21
22	23	24	25	26	27	28
29	30	31	1	2	3	4

werkdagen
hétköznap

MO	TU	WE	TH	FR	SA	SU
1	2	3	4	5	6	7
8	9	10	11	12	13	14
15	16	17	18	19	20	21
22	23	24	25	26	27	28
29	30	31	1	2	3	4

weekend
hétvége

jaar
év

regen
eső
regenboog
szivárvány
wind
szél
sneeuw
hó
lente
tavasz
herfst
ősz
zomer
nyár
winter
tél

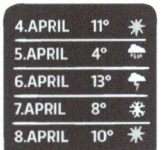

4.APRIL 11°
5.APRIL 4°
6.APRIL 13°
7.APRIL 8°
8.APRIL 10°

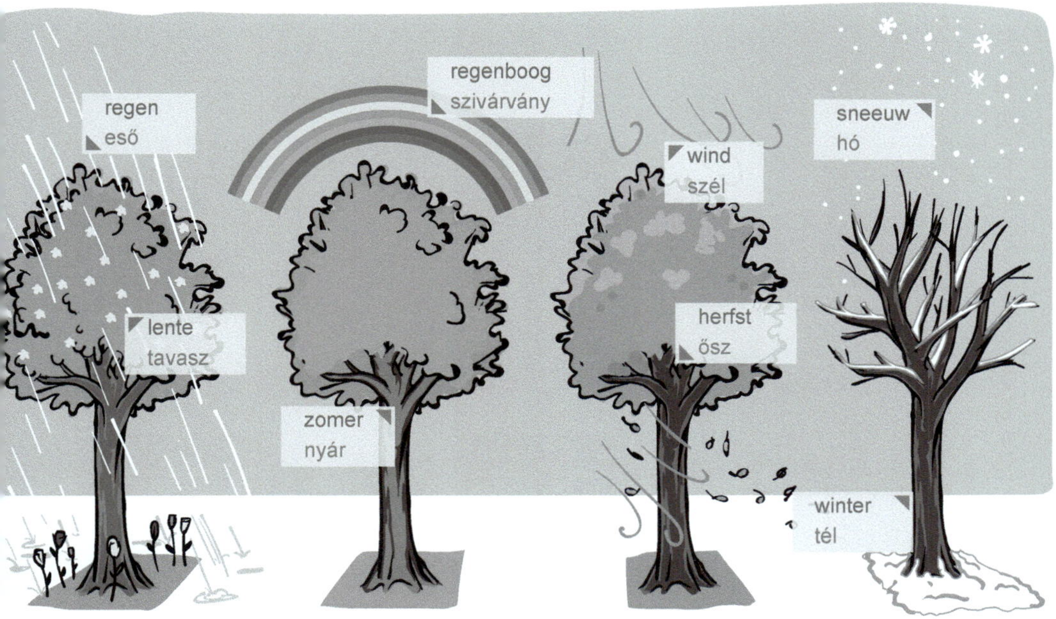

weervoorspelling
időjárás előrejelzés

F C
120 90 60 30 0 -30
40 30 20 10 0 -10 -20

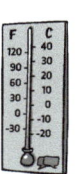

thermometer
hőmérő

zonneschijn
napsütés

wolk
felhő

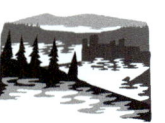

mist
köd

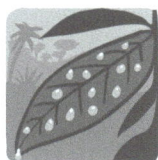

vochtigheid
páratartalom

bliksem

villámlás

donder

mennydörgés

storm

vihar

hagel

jégeső

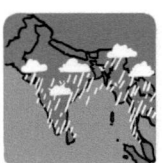

moesson

monszun

overstroming

áradás

ijs

jég

januari

január

februari

február

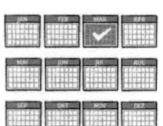

maart

március

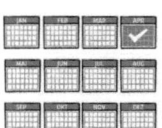

april

április

mei

május

juni

június

juli

július

augustus

augusztus

september
szeptember

oktober
október

november
november

december
december

cirkel
kör

kwadraat
négyzet

rechthoek
téglalap

driehoek
háromszög

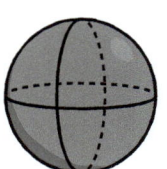

bol
gömb

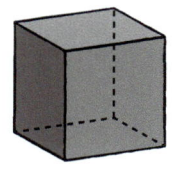

kubus
kocka

wit

fehér

geel

sárga

oranje

narancs

roze

rózsaszín

rood

piros

paars

lila

blauw

kék

groen

zöld

bruin

barna

grijs

szürke

zwart

fekete

veel / weinig

sok / kevés

boos / kalm

mérges / nyugodt

mooi / lelijk

szép / csúnya

begin / einde

kezdet / vég

groot / klein

nagy / kicsi

licht / donker

világos / sötét

broer / zus

fivér / nővér

proper / vuil

tiszta / koszos

volledig / onvolledig

teljes / nem teljes

dag / nacht

nappal / éjszaka

dood / levend

halott / élő

breed / smal

széles / keskeny

eetbaar / oneetbaar

ehető / nem ehető

kwaadaardig / vriendelijk

gonosz / kedves

opgewonden / verveeld

izgatott / unott

dik / dun

kövér / vékony

eerst / laatst

első / utolsó

vriend / vijand

barát / ellenség

vol / leeg

teli / üres

hard / zacht

kemény / puha

zwaar / licht

nehéz / könnyű

honger / dorst

éhség / szomjúság

ziek / gezond

betegség / egészség

illegaal / legaal

illegális / legális

intelligent / dom

intelligens / buta

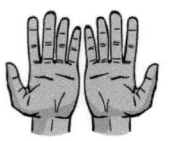

links / rechts

bal / jobb

dichtbij / veraf

közel / távol

nieuw / gebruikt

új / használt

niets / iets

semmi / valami

oud / jong

idős / fiatal

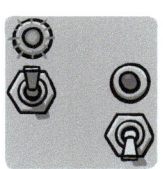

aan / uit

be / ki

open / dicht

nyitva / zárva

stil / luid

csendes / hangos

rijk / arm

gazdag / szegény

juist / fout

helyes / helytelen

ruw / glad

érdes / sima

droevig / blij

szomorú / vidám

kort / lang

rövid / hosszú

traag / snel

lassú / gyors

nat / droog

nedves / száraz

warm / koud

meleg / hideg

oorlog / vrede

háború / béke

0	**1**	**2**
nul	één	twee
nulla	egy	kettő

3	**4**	**5**
drie	vier	vijf
három	négy	öt

6	**7**	**8**
zes	zeven	acht
hat	hét	nyolc

9	**10**	**11**
negen	tien	elf
kilenc	tíz	tizenegy

12	**13**	**14**
twaalf	dertien	veertien
tizenkettő	tizenhárom	tizennégy
15	**16**	**17**
vijftien	zestien	zeventien
tizenöt	tizenhat	tizenhét
18	**19**	**20**
achtien	negentien	twintig
tizennyolc	tizenkilenc	húsz
100	**1.000**	**1.000.000**
honderd	duizend	miljoen
száz	ezer	millió

Engels

angol

Amerikaans Engels

amerikai angol

Chinees (Mandarijn)

mandarin kínai

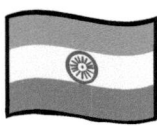

Hindi

hindi

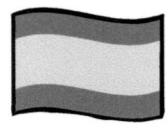

Spaans

spanyol

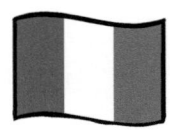

Frans

francia

Arabisch

arab

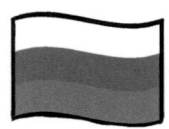

Russisch

orosz

Portugees

portugál

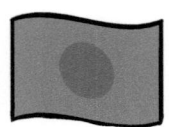

Bengali

bengáli

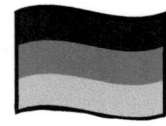

Duits

német

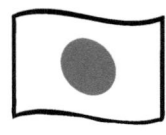

Japans

japán

ik
....
én

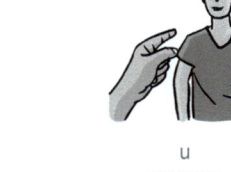

u
....
te

hij / zij / het
....
ö

wij
....
mi

u
....
ti

ze
....
ők

wie?
....
ki?

wat?
....
mi?

hoe?
....
hogyan?

waar?
....
hol?

wanneer?
....
mikor?

naam
....
név

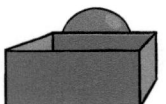

achter

mögött

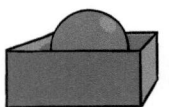

in

benne

voor

elötte

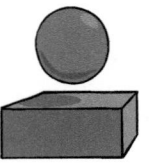

boven

felette

op

rajta

onder

alatta

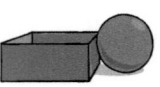

naast

mellett

tussen

között

plaats

hely